Inhalt

Klimaspenden - Ausgleichszahlungen für ein ruhiges ökologisches Gewissen

Kernthesen

Beitrag

Fallbeispiele

Weiterführende Literatur

Impressum

Klimaspenden - Ausgleichszahlungen für ein ruhiges ökologisches Gewissen

Harald Reil

Kernthesen

- Organisationen wie ecogood, atmosfair oder myclimate fordern Reisende zu Kompensationszahlungen für CO_2-Emissionen auf.
- Mit den Spendengeldern unterstützen sie Klimaschutzprojekte.
- Die Verbraucher reagieren noch zurückhaltend, auch wenn erste Anzeichen zunehmender Akzeptanz erkennbar sind.
- Eine ganze Reihe von Anbietern arbeitet

nach Angaben des Vereins Verbraucherzentrale Bundesverband nicht sauber.
- Für einen effizienten Klimaschutz sind ergänzende Maßnahmen dringend notwendig. Wegweisend könnte die Fluggesellschaft Lufthansa sein, die Biokraftstoff testet.

Beitrag

Umweltschutzorganisationen wollen das ökologische Gewissen aufrütteln

Es klingt mittlerweile schon wie eine Binsenweisheit: Wenn der Mensch nichts gegen den Klimawandel tut, steht ihm eine Katastrophe ins Haus - wenn nicht in dieser Generation, dann in der nächsten oder allerspätestens in der darauf folgenden. Einen Vorgeschmack darauf, was unseren Nachfahren blüht, erleben wir schon heute. Schmelzende Polkappen, ein steigender Meeresspiegel, Überschwemmungen der Küstenregionen. Schützen wir unsere Umwelt nicht, und zwar schleunigst, werden Weltmetropolen wie New York, Tokio oder

Shanghai nur dann bewohnbar bleiben, wenn es Ingenieuren gelingt, das Meer mit aufwändigen Dammkonstruktionen zu bändigen. Was der Mensch gegen die sich anbahnende Klimakatastrophe tun kann, ist hinlänglich bekannt - leider aber hapert es mit der praktischen Umsetzung. Angesichts dieser bedrohlichen Situation versuchen Umweltschutzorganisationen wie ecogood, ARKTIK, greenmiles, CO2OL, atmosfair, myclimate und GoClimate das ökologische Gewissen der Verbraucher aufzurütteln. Mit so genannten Klimaspenden sollen diese CO2-Emissionen, zu denen sie beispielsweise mit Flügen oder Autofahrten beitragen, kompensieren. (1), (2)

Voller Einsatz für den Klimaschutz: Fußballer werben für atmosfair

Einer dieser Anbieter für Klimaspenden ist atmosfair. Er fordert Reisende auf, per SMS Geld für Umweltschutzprojekte zu spenden. Damit die Aktion auch ins Auge fällt, hat atmosfair gleich eine ganze Reihe Prominenter engagiert, die auf Plakaten, die seit 1. März dieses Jahres in den Flughäfen Hamburg und München aushängen, für die Idee werben. Zu den Unterstützern der Aktion zählen die Hamburger

Fußballer Ruud van Nistelroy, Dennis Aogo und Mladen Petric sowie die Schauspieler Daniel Brühl und der Regisseur Sönke Wortmann. (3)

ecogood unterstützt mit Spendengeldern Klimaschutzprojekte in Asien

Die Berliner Firma ecogood arbeitet nach demselben Prinzip. Sie bietet Autofahrern eine Klima-Vignette an. Diese erhält jeder, der den jährlichen CO_2-Ausstoß, den er verursacht, mit einer Kompensationszahlung ausgleicht. Mithilfe eines Klimarechners lässt sich die Höhe dieser Zahlung schnell und bequem ermitteln. Mit den Spenden, die auf diese Weise zusammenkommen, unterstützt ecogood Umweltschutzprojekte in China, Taiwan und Indien. (4)

Nur wenige TUI- und Thomas-Cook-Kunden spenden für das Klima

Die Idee, so gut sie ist, scheint allerdings einen Schönheitsfehler zu haben: Nur wenige Verbraucher springen darauf an. Das haben zumindest die beiden Reiseveranstalter Thomas Cook und TUI festgestellt. Im Jahr 2008 riefen die beiden Branchenriesen eine Klimaschutzinitiative ins Leben, die nach dem Prinzip von Umweltschutzorganisationen wie ecogood oder atmosfair funktioniert. Drei Jahre später fällt das Urteil ernüchternd aus: Nur knapp zehn Prozent der TUI-Kunden nutzen das Angebot. Die Zahlen bei Thomas Cook sind sogar noch schlechter: Sie liegen im niedrigen einstelligen Prozentbereich. (5), (6)

Austrian Airlines: Spendenbereitschaft für das Klima ist gestiegen

Optimistischer gibt sich die Austrian Airlines (AUA). Die österreichische Fluglinie berichtet, dass die Spendenbereitschaft ihrer Fluggäste für den Klimaschutz gestiegen sei. Im Jahr 2010 hätten Reisende verglichen mit den ersten anderthalb Jahren immerhin doppelt so viel Geld für die Umwelt ausgegeben. Auch atmosfair liefert Zahlen, die Anlass zur Hoffnung geben. Eine Sprecherin der Umweltorganisation bezieht sich dabei auf Auswertungen von Veranstaltern, die sich im "Forum Anders Reisen" zusammengeschlossen haben. Demnach glichen zwischen 60 und 90 Prozent der

Urlauber, die bei einem dieser Anbieter eine Reise gebucht hätten, ihren Flug mit einer Spende aus. (6), (7)

Anbieter-Ranking unter verbraucherfuersklima.de

Interessenten auf der Suche nach einem Anbieter für Klimaspenden werden unter verbraucherfuersklima.de fündig. Der Verein Verbraucherzentrale Bundesverband (vzbv), der für diese Internetseite verantwortlich zeichnet, listet nicht nur die wichtigsten auf, sondern bewertet diese auch. Allerdings empfiehlt er nur drei uneingeschränkt - atmosfair, myclimate und GoClimate. Vor allem die Fluggesellschaften und Reiseveranstalter kommen bei dem Test schlecht weg. Den Ergebnissen der Studie zufolge setzen beispielsweise Lufthansa und TUI ihre Kompensationszahlungen viel zu niedrig an - wohl um die Fluggäste nicht zu verschrecken. (4), (8)

Trends

Lufthansa fliegt seit April 2011 von

Frankfurt nach Hamburg mit Biokraftstoff

Die hehren Ziele der Umweltschutzorganisationen bleiben ein Tropfen auf dem heißen Stein, wenn sich nicht von anderen Maßnahmen ergänzt werden. Lufthansa könnte dabei Schule machen. Seit April dieses Jahres testet die Fluglinie auf der Strecke Hamburg-Frankfurt den Biokraftstoff NExBTL des finnischen Ölkonzerns Neste Oil. Der Versuch soll sechs Monate lang laufen. Nach Angaben des Unternehmens sparen die Flugzeuge allein während dieses halben Jahres rund 1 500 Tonnen CO_2 ein. (9)

Fallbeispiele

Obolus für Schiffsreisen

Seit diesem Jahr können auch Schiffsreisende mit einem Obolus zum Klimaschutz beitragen. atmosfair hat mit dem Veranstalter Hapag-Lloyd Kreuzfahrten eine entsprechende Vereinbarung geschlossen. Der Reiseveranstalter übernimmt zudem ein Viertel des Spendenbetrags. Das Geld kommt einem von atmosfair unterstützten Klimaschutzprojekt in Indien zugute. Bis jetzt ist Hapag-Lloyd Kreuzfahrten allerdings der einzige Veranstalter, der einen Klimaschutzbeitrag für Kreuzfahrten anbietet. Verhandlungen mit anderen Anbietern sind nach Auskunft von atmosfair bisher ergebnislos verlaufen. (5), (6)

Unheilige Allianz

myclimate, obwohl vom Verbraucherzentrale Bundesverband e.V. ohne Abstriche als vorbildliche Klimaschutzorganisation empfohlen, muss sich dennoch den Vorwurf gefallen lassen, mit der Lufthansa und TUI eine unheilige Allianz eingegangen zu sein. Die Umweltorganisation selbst berechnet die CO2-Belastung auf ihrer Internetseite zwar nach geltenden wissenschaftlichen Standards; auf der entsprechenden Seite der Fluggesellschaft Lufthansa aber, auf der der Name des Kooperationspartners myclimate ebenfalls auftaucht, fallen die Kompensationszahlungen viel zu niedrig aus. Bis vor kurzem war das auch bei dem myclimate-Partner TUI der Fall. Anders als die Lufthansa hat der Reiseveranstalter jedoch auf die Kritik reagiert und seinen Rechner angepasst. (8), (10)

Weiterführende Literatur

(1) Emissionsvermeidung oder Anpassung an den Klimawandel: Welche Zukunft hat die Klimapolitik?
aus ifo Schnelldienst, Heft 05/2011, S. 3-29

(2) Erst Autofahrt, dann Ablasshandel
aus Zeit online vom 15.04.2011, Nr. 15

(3) WARTEN AUFS BILD Sönke Wortmann macht es vor: Fliegen und das Klima schonen
aus W&V Online-Magazin vom 01.03.2011

(4) Moderner Ablasshandel für Autofahrer Wie sich CO2-Emissionen ausgleichen lassen
aus Berliner Zeitung, Ausgabe 84 vom 09.04.2011, S. P08

(5) Klimaspenden werden von Reisenden wenig genutzt
aus WELT AKTUELL, 23.09.2010, Nr. 185, S. 11

(6) Stell dir vor es gibt Klimaspenden und keiner tut's
aus Berliner Morgenpost online, 22.09.2010, 11:58:21

(7) Klima-Spenden für Flüge im Aufwind
aus Wiener Zeitung 241 vom 2010-12-14, Seite 11

(8) Die Luftnummer Viele Anbieter von CO2-Kompensationsrechnern für Flüge schummeln, nur drei Agenturen arbeiten seriös
aus Berliner Zeitung, Ausgabe 227 vom 29.09.2010, S. B24

(9) Lufthansa testet ab April Biokraftstoff

aus Agra-Europe (AgE), 51. Jahrgang Nr. 49 vom 06.12.2010

(10) Klimainitiative: TUI modifiziert Rechner zur CO_2-Kompensation - Faktor RFI=2 gilt ab sofort / Förderung eines neuen Projekts in Kenia Nr. 07.03.2011
aus Agra-Europe (AgE), 51. Jahrgang Nr. 49 vom 06.12.2010

Impressum

Klimaspenden - Ausgleichszahlungen für ein ruhiges ökologisches Gewissen

Bibliografische Information der deutschen Nationalbibliothek

Die Deutsche Nationalbibliothek verzeichnet diese Publikation in der deutschen Nationalbibliografie; detaillierte bibliografische Daten sind im Internet über http://dnb.d-nb.de abrufbar.

ISBN: 978-3-7379-1521-2

© 2015 GBI-Genios Deutsche Wirtschaftsdatenbank GmbH, Freischützstraße 96, 81927 München, www.genios.de

Alle Rechte vorbehalten. Dieses Werk ist einschließlich aller seiner Teile – z.B. Texte, Tabellen und Grafiken - urheberrechtlich geschützt. Jede Verwertung außerhalb der Grenzen des Urheberrechtsgesetzes bedarf der vorherigen Zustimmung des Verlags. Dies gilt insbesondere auch für auszugsweise Nachdrucke, fotomechanische

Vervielfältigungen (Fotokopie/Mikroskopie), Übersetzungen, Auswertungen durch Datenbanken oder ähnliche Einrichtungen und die Einspeicherung und Verarbeitung in elektronischen Systemen.